ONE POT MEALS

Das Wunder aus einem Topf

Autorin: Martina Kittler | Fotos: Nicky Walsh

QUALITÄTS G|U GARANTIE

DIE GU-QUALITÄTS-GARANTIE

Wir möchten Ihnen mit den Informationen und Anregungen in diesem Buch das Leben erleichtern und Sie inspirieren, Neues auszuprobieren. Bei jedem unserer Bücher achten wir auf Aktualität und stellen höchste Ansprüche an Inhalt, Optik und Ausstattung. Alle Rezepte und Informationen werden von unseren Autoren gewissenhaft erstellt und von unseren Redakteuren sorgfältig ausgewählt und mehrfach geprüft. Deshalb bieten wir Ihnen eine 100 %ige Qualitätsgarantie.

Darauf können Sie sich verlassen:
Wir legen Wert darauf, dass unsere Kochbücher zuverlässig und inspirierend zugleich sind.
Wir garantieren:

- dreifach getestete Rezepte
- sicheres Gelingen durch Schritt-für-Schritt-Anleitungen und viele nützliche Tipps
- eine authentische Rezept-Fotografie

Wir möchten für Sie immer besser werden:
Sollten wir mit diesem Buch Ihre Erwartungen nicht erfüllen, lassen Sie es uns bitte wissen! Wir tauschen Ihr Buch jederzeit gegen ein gleichwertiges zum gleichen oder ähnlichen Thema um. Nehmen Sie einfach Kontakt zu unserem Leserservice auf. Die Kontaktdaten unseres Leserservice finden Sie am Ende dieses Buches.

GRÄFE UND UNZER VERLAG
Der erste Ratgeberverlag – seit 1722.

KV

INHALT

TIPPS UND EXTRAS

Umschlagklappe vorne:
Basics der One-Pot-Küche

4 Die One-Pot-Methode
64 Sweet Pots mit Reis & Gnocchi

Umschlagklappe hinten:
Toppings mit Biss
... und exotisch mit Pasta & Bohnen

6 PASTA – BASTA!

8 Ratatouille-Pasta mit Oliven
10 Schinken-Erbsen-Makkaroni
11 Spaghetti mit Spargel-Sugo
12 Hackbällchen auf Spitzkohl-Tagliatelle
14 Herzhafte Gemüse-Knöpfle
15 Tortellini-Bouillabaisse
16 Asia-Vollkornnudeln mit Garnelen

Das grüne Blatt bei den Rezepten heißt fleischloser Genuss:
Mit diesem Symbol sind alle vegetarischen Gerichte gekennzeichnet.

18 KÖRNCHENWEISE KÖSTLICHES

20 Gemüse-Couscous mit Harissa-Hähnchen → COVER-REZEPT
22 Gemüse-Pilaw mit Nüssen
24 Quinoa-Buddha-Bowl mit Süßkartoffeln
25 Curry-Spinat-Hirse mit Pilzen
26 One-Pot-Meeresfrüchte-Paella
28 Zander auf rotem Graupen-Risotto
30 Serbisches Blitz-Reisfleisch
31 Heiße Taboulé mit Halloumi

32 KNOLLIG GUT

34 Brokkoli-Kartoffel-Topf mit Lachs
36 Kürbis-Kartoffel-Gulasch
38 Gnocchi-Pfifferlings-Ragout
39 Mangold-Kartoffel-Gemüse mit Eiern
40 Afrikanischer Hähnchen-Erdnusstopf
42 Pichelsteiner Eintopf
43 Kartoffel-Linsen-Topf mit Würstchen
44 Schweinefilet auf Rahmsauerkraut

46 EIN HOCH AUF HÜLSENFRÜCHTE

48 Chili con Carne
50 Winter-Minestrone mit Maronen
52 Involtini auf Linsen-Gemüse-Ragout
54 Auberginen-Linsen-Curry
56 Gemüse-Tajine mit Kichererbsen
58 Paprika-Bohnen-Topf mit Chorizo
59 Grüner Bulgur mit zweierlei Bohnen

60 Register
62 Impressum

DIE ONE-POT-METHODE

Gutes mit lauter frischen Zutaten: One-Pot-Meals geben Kraft, machen satt und glücklich. Und alle Aromen bleiben drin im Topf – clever!

Sattmacher wie Nudeln, Reis und Getreide, Kartoffeln oder Hülsenfrüchte in einem Topf zusammen mit Gemüse, Gewürzen, Kräutern und Flüssigkeit zu garen, ist nicht nur ungeheuer praktisch: Die Methode erweist sich auch als so abwechslungsreich, dass man damit problemlos den täglichen Essensplan bestreiten könnte. Diese Topfschlager schmecken allen – und begeistern als leckeres Mittagsmahl ebenso wie als Gästeessen.

ALLES IN EINEM TOPF

Das wichtigste Utensil in der One-Pot-Küche: ein solider Topf von 28 cm Durchmesser. Er sollte aus Aluguss, Edelstahl oder Silargan, einer speziellen Keramikart, bestehen, einen mindestens 10 cm hohen Rand und einen gut schließenden Deckel haben. Ideal ist ein Stahlkern im Topfboden, der die Hitze gut speichert und gleichmäßig bis an den Rand verteilt. Das spart Energie, und alles gart gleichmäßig. Verwenden Sie auch im kleinen Haushalt am besten einen breiten Topf, damit alle Zutaten darin Platz finden und beim Umrühren nichts über den Rand hüpft. Übrigens: Ein hübscher Topf macht sich auch auf dem Tisch gut.

SO EINFACH GEHT'S

Das Prinzip ist immer gleich: Öl im Topf erhitzen, Fleisch, Geflügel, Fisch oder Tofu darin kräftig anbraten und wieder herausnehmen. Zwiebeln, Knoblauch und klein geschnittenes Gemüse im Bratfett andünsten. Dann kommen die Sattmacher wie Pasta, Kartoffeln & Co., auch Gewürze und robuste Kräuter dazu. Flüssigkeit angießen, zugedeckt aufkochen und köcheln, bis alles gar ist. Zum Schluss die anfangs angebratenen Zutaten unterheben und das One-Pot-Meal mit Kräutern, Nüssen oder Käse toppen. Fertig!

HEISS GELIEBTE PASTA

Ob Spaghetti, Tagliatelle, Makkaroni oder kurze Sorten wie Penne, Spätzle oder Hörnchen: Nudeln sind wie gemacht für die innige Verbindung mit Tomaten, Sahne, Kräutern und Käse im Topf – vorausgesetzt, sie bestehen aus Hartweizen ohne Ei. Dann sorgt die Pasta gleichzeitig für Sämigkeit und Al-dente-Biss. Schauen Sie ruhig mal im Vorratsschrank nach Resten in Nudelpackungen – die One-Pot-Methode eignet sich perfekt, um sie zu verbrauchen! Auch kernige Nudeln aus Vollkorn passen gut. Mit der Sauce in einem Topf gegart, schmecken sie schön voll und herzhaft, aber niemals trocken wie sonst gelegentlich. Asiatische Soba-, Mie-, Glas- und Reisnudeln dagegen werden schnell weich und verkochen. Diese Sorten eignen sich für die One-Pot-Methode nicht so gut.

KLEINE KÖRNER, GROSSE KÖNNER

Große Klasse: Mit Graupen, Basmati- und Risottoreis und trendigen Powerkörnern wie Bulgur, Couscous, Hirse und Quinoa kann man den One-Pot-Gerichten Biss und Halt verpassen. Die Winzlinge sind echte Allroundtalente, unkompliziert in der Zubereitung, vielseitig und schnell gemacht. Als Partner für Aromen, Kräuter, Gewürze und Gemüse übernehmen sie in der vegetarischen Küche gerne die Hauptrolle. Genauso gerne schmiegen sich die Körner aber an Meeresfrüchte oder Fleisch, und offen für neue aufregende Geschmackserlebnisse sind sie sowieso. Wie wäre es also mit einem Hauch von Exotik?

HAUPTROLLE FÜR KARTOFFELN UND KÜRBIS

Kaum einem anderen Gemüse bekommt die Ein-Topf-Methode so gut wie Kartoffel, Süßkartoffel und Kürbis. Frisch gekocht können sie durch ihren hohen Gehalt an Stärke bunt Gemischtes sämig binden und in schönster Harmonie vereinen. Die Wahl der Sorte ist entscheidend: Bei saucenreichen Speisen am besten vorwiegend festkochende

Kartoffeln nehmen, weil sie mehr Flüssigkeit aufnehmen. Festkochende Sorten bleiben dagegen auch gegart in Form. Hokkaido-Kürbis muss man nicht schälen – ein Veggie-Gulasch oder -Curry wird aber mit Kürbis ohne Schale sämiger.

TOPFSCHLAGER HÜLSENFRÜCHTE

Linsen, Bohnen und Kichererbsen machen aus Eintöpfen eine gehaltvolle Spezialität. Und worauf schwört der One-Pot-Koch? Auf Tellerlinsen, die ohne Einweichen mehlig-weich kochen. Auf Berglinsen, die selbst nach 35 Minuten Garzeit noch bissfest im Kern bleiben. Auf geschälte rote Linsen, die bereits nach 10–15 Minuten Saucen perfekt binden. Kichererbsen, weiße und Kidneybohnen aus Dose oder Glas und tiefgekühlte Dicke Bohnen sind vorgegart und für die Blitzküche ideal.

PASTA – BASTA!

Unkompliziert, wie die Nudel nun einmal ist, lässt sie Saucen und würzige Zutaten gerne an sich ran. Warum also nicht gleich Teigwaren, Gemüse, Fleisch oder Fisch zusammen in einem Topf garen? Das geht nicht nur supersimpel, sondern wird auch unglaublich aromatisch.

RATATOUILLE-PASTA MIT OLIVEN

Hin und Veggie: Auberginen, Zucchini und Paprika mit sonnenverwöhnten Tomaten und Nudeln im Aromaeintopf – das schmeckt so richtig nach Urlaub im Süden!

1 mittelgroße Aubergine
300 g Zucchini
1 rote Paprika
1 gelbe Paprika
2 Zwiebeln
2 Knoblauchzehen
900 g reife Tomaten (ersatzweise 1 Dose geschälte Tomaten; 800 g)
4 EL Olivenöl
Salz | Pfeffer
2 TL getrockneter Oregano
300 g Muschelnudeln
750 ml Gemüsebrühe
100 g schwarze Oliven mit Stein
4 Stängel Basilikum

Gruß vom Mittelmeer

Für 4 Personen | 40 Min. Zubereitung
Pro Portion ca. 525 kcal, 13 g EW, 21 g F, 66 g KH

1 Aubergine und Zucchini waschen und putzen. Die Paprika halbieren, Trennwände und Kerne entfernen, die Schoten waschen und mit Aubergine und Zucchini in ca. 1 cm große Würfel schneiden. Zwiebeln und Knoblauchzehen abziehen und fein würfeln. Die Tomaten waschen, die Stielansätze entfernen, die Tomaten in grobe Stücke schneiden.

2 Das Olivenöl in einem breiten Topf erhitzen. Zwiebeln, Knoblauch, Aubergine, Zucchini und Paprika dazugeben und bei mittlerer Hitze ca. 3 Min. unter Rühren hell anbraten. Das Gemüse mit Salz, Pfeffer und Oregano würzen. Tomaten und Nudeln zufügen, alles mit der Brühe aufgießen und zugedeckt bei großer Hitze aufkochen. Die Pasta danach offen bei mittlerer bis großer Hitze ca. 15 Min. weitergaren und gelegentlich umrühren. Falls das Ganze zu stark einkocht, noch etwas Wasser zufügen.

3 Die Oliven abtropfen lassen und untermischen. Das Basilikum abbrausen, trocken schütteln, die Blätter abzupfen und grob hacken. Die Ratatouille-Pasta in tiefen Tellern anrichten und mit dem Basilikum bestreuen.

TIPP Greifen Sie unbedingt zu, wenn Sie auf dem Wochenmarkt Ochsenherztomaten entdecken. Diese sehr große, herzförmige Sorte, auch Cœur de Bœuf genannt, ist besonders aromatisch und fleischig.

SCHINKEN-ERBSEN-MAKKARONI

1 Bund Frühlingszwiebeln | 250 g Zucchini | 2 Knoblauchzehen | 150 g gekochter Schinken | 200 g TK-Erbsen | 4 EL Olivenöl | 400 g kurze Makkaroni | 1 l heiße Gemüsebrühe | 150 g Emmentaler | Salz | Pfeffer

Express-Pasta

Für 4 Personen | 25 Min. Zubereitung
Pro Portion ca. 685 kcal, 34 g EW, 26 g F, 76 g KH

1 Die Frühlingszwiebeln waschen und putzen. Das Weiße in kleine Würfel, das Hellgrüne in dünne Ringe schneiden. Die Zucchini waschen, putzen und ca. 1 cm groß würfeln. Die Knoblauchzehen abziehen und fein würfeln. Den Schinken ebenfalls würfeln. Die Erbsen antauen lassen.

2 Das Öl in einem breiten Topf erhitzen. Die Frühlingszwiebelwürfel darin bei mittlerer Hitze glasig dünsten. Knoblauch, Zucchini und Nudeln dazugeben und 1–2 Min. mitdünsten. Die Brühe zugießen, aufkochen und unter gelegentlichem Rühren bei mittlerer Hitze ca. 10 Min. offen garen. Erbsen und Schinken nach 5 Min. Garzeit unterrühren und alles offen weiterköcheln lassen.

3 Inzwischen den Käse reiben. Eine Nudel probieren. Falls sie noch zu fest ist, alles kurz weitergaren. 2/3 vom Käse unter die Makkaroni mischen und alles mit Salz und Pfeffer würzen.

4 Die Schinken-Makkaroni in tiefen Tellern anrichten und mit dem übrigen Käse und den Frühlingszwiebelringen bestreut servieren.

SPAGHETTI MIT SPARGEL-SUGO

600 g grüner Spargel | 1 Fenchel | 3 Schalotten | 1 Knoblauchzehe | 2 EL Pinienkerne | 4 EL Olivenöl | 400 g Spaghetti | 2 Dosen geschälte Kirschtomaten (à 400 g, ersatzweise stückige Tomaten) | Salz | 50 g italienischer Hartkäse (z. B. Parmesan oder Grana padano) | 4 Stängel Basilikum | Pfeffer

Sommerfeeling all'italiana

Für 4 Personen | 30 Min. Zubereitung
Pro Portion ca. 590 kcal, 22 g EW, 18 g F, 83 g KH

1 Den Spargel waschen, die Enden abschneiden, die Stangen nur im unteren Drittel schälen und schräg in 3–4 cm große Stücke schneiden. Den Fenchel waschen, putzen, vierteln und ohne Strunk in feine Streifen schneiden. Schalotten und Knoblauch abziehen und fein würfeln.

2 Die Pinienkerne in einem breiten Topf ohne Fett anrösten, herausnehmen und auf einem Teller abkühlen lassen. Das Öl in dem Topf erhitzen. Schalotten, Knoblauch und Fenchel zufügen und alles 2–3 Min. bei mittlerer Hitze unter Rühren andünsten. Spaghetti, Spargelstücke, Kirschtomaten und 2 TL Salz dazugeben. Alles mit 750 ml Wasser auffüllen, zugedeckt bei großer Hitze aufkochen und die Pasta offen bei mittlerer Hitze 10–12 Min. garen, ab und zu umrühren.

3 Eine Nudel probieren. Falls sie noch zu fest ist, 6–10 EL Wasser dazugeben und kurz weiterkochen. Den Käse in Späne hobeln. Basilikum abbrausen, trocken schütteln und die Blätter abzupfen. Die Pasta mit Salz und Pfeffer würzen, in tiefen Tellern anrichten und mit Pinienkernen, Käse und Basilikumblättern bestreut servieren.

HACKBÄLLCHEN AUF SPITZKOHL-TAGLIATELLE

So einfach, so gut: Würzige Mini-Fleischkugeln auf einem cremigen Bett aus Bandnudeln, zartem Kohl und Champignons sind der ganz große Wurf. Schnittlauch on top macht die Sache frisch.

1 Brötchen (vom Vortag)
300 g gemischtes Hackfleisch
1 Ei (M)
2 TL getrockneter Thymian
Salz | Pfeffer
1 Zwiebel
1 Spitzkohl (ca. 750 g)
250 g kleine Champignons
4 EL Olivenöl
300 g Tagliatelle
850 ml Gemüsebrühe
150 g Crème fraîche
1 Bund Schnittlauch

Schmeckt auch Kindern

Für 4 Personen |
45 Min. Zubereitung
Pro Portion ca. 790 kcal,
31 g EW, 44 g F, 65 g KH

1 Für die Hackbällchen das Brötchen mit ca. 100 ml lauwarmem Wasser übergießen und ca. 3 Min. einweichen. Inzwischen das Hackfleisch mit Ei, Thymian, Salz und Pfeffer in eine Schüssel geben. Das Brötchen kräftig ausdrücken, zerzupfen und hinzufügen. Alles mit den Händen zu einer glatten Masse verkneten und zu ca. 12 Bällchen formen.

2 Die Zwiebel abziehen und fein würfeln. Den Spitzkohl putzen, waschen, halbieren, den Strunk keilförmig herausschneiden und die Kohlblätter in 2 cm breite Streifen schneiden. Die Champignons putzen, abreiben und in dünne Scheiben schneiden.

3 Das Öl in einem breiten Schmortopf erhitzen. Die Hackbällchen darin nacheinander in zwei Portionen rundherum bei mittlerer bis großer Hitze 5–6 Min. anbraten. Herausnehmen und abgedeckt beiseitestellen. Zwiebel, Spitzkohl und Champignons ins Bratfett geben und ca. 2 Min. dünsten. Die Tagliatelle zufügen, die Brühe angießen und die Crème fraîche einrühren. Alles zugedeckt bei großer Hitze aufkochen, dann offen bei mittlerer Hitze 10–12 Min. kochen, dabei gelegentlich umrühren. Falls die Sauce zu stark einkocht, 1 Schuss Wasser zufügen.

4 Den Nudeltopf mit Salz und Pfeffer abschmecken. Die Fleischbällchen darauf verteilen und alles mit aufgelegtem Deckel bei kleiner Hitze noch 4–5 Min. köcheln lassen. Inzwischen den Schnittlauch abbrausen und in feine Röllchen schneiden. Die Spitzkohl-Tagliatelle mit den Hackbällchen auf Teller verteilen und mit Schnittlauch bestreut servieren.

VARIANTE

Seelenwärmer für kalte Tage: Nudeln und Gemüse wie beschrieben in Brühe kochen. 150 g Bergkäse reiben, mit 150 g saurer Sahne und 2 Eiern verquirlen, über die fertigen Spitzkohl-Tagliatelle gießen und bei kleiner Hitze zugedeckt in 3–4 Min. ganz leicht stocken lassen.

HERZHAFTE GEMÜSE-KNÖPFLE

2 Möhren | 3 rote Paprika | 1 Bund Frühlingszwiebeln | 1 Zwiebel | 1 Knoblauchzehe | 2 EL Butterschmalz | 1 TL rosenscharfes Paprikapulver | 2 EL Tomatenmark | 400 g Eier-Knöpfle (ersatzweise Eier-Spätzle; aus dem Kühlregal) | 500 ml Gemüsebrühe | ½ Bund Petersilie | Salz | Pfeffer

Ungarisch inspiriert

Für 2 Personen | 30 Min. Zubereitung
Pro Portion ca. 560 kcal, 17 g EW, 22 g F, 69 g KH

1 Die Möhren putzen, schälen und klein würfeln. Die Paprika halbieren, Trennwände und Kerne entfernen, die Schoten waschen und ebenfalls klein würfeln. Die Frühlingszwiebeln waschen, putzen und in feine Ringe schneiden. Zwiebel und Knoblauchzehe abziehen und fein würfeln.

2 Das Butterschmalz in einem breiten Topf erhitzen. Zwiebel, Knoblauch und Möhren dazugeben und unter Rühren bei mittlerer Hitze ca. 3 Min. andünsten. Mit dem Paprikapulver bestäuben, das Tomatenmark einrühren und kurz mitdünsten. Paprikawürfel und Frühlingszwiebeln hinzufügen und ca. 2 Min. mitdünsten.

3 Die Knöpfle oder Spätzle unter das Gemüse mischen. 400 ml Brühe dazugießen, sodass alles mit Flüssigkeit bedeckt ist, und bei kleiner Hitze ca. 5 Min. offen köcheln lassen. Ab und zu umrühren und bei Bedarf evtl. noch Brühe nachgießen.

4 Inzwischen die Petersilie abbrausen, trocken schütteln, die Blätter abzupfen und fein hacken. Den Eintopf mit Salz und Pfeffer abschmecken und mit Petersilie bestreut servieren.

TORTELLINI-BOUILLABAISSE

1 Stange Lauch | 2 Möhren | 1 Fenchel | 1 Zwiebel | 2 Knoblauchzehen | 1 TL Fenchelsamen | 500 g gemischtes Fischfilet (ohne Haut und Gräten; z. B. Lachs, Kabeljau, Seelachs) | 2 EL Olivenöl | 500 ml Fischfond (aus dem Glas) | Salz | Pfeffer | 300 g Tortellini mit Spinat-Ricotta-Füllung (Kühlregal)

Südeuropäisches Rendezvous

Für 2 Personen | 30 Min. Zubereitung
Pro Portion ca. 770 kcal, 56 g EW, 33 g F, 61 g KH

1 Den Lauch putzen, gründlich waschen und schräg in 1 cm breite Ringe schneiden. Die Möhren putzen, schälen und schräg in ca. ½ cm breite Scheiben schneiden. Den Fenchel waschen, putzen, vierteln, den Strunk entfernen, dann den Fenchel in Streifen schneiden und das Fenchelgrün (falls vorhanden) beiseitelegen. Zwiebel und Knoblauch abziehen und fein würfeln. Die Fenchelsamen in einem Mörser oder mit dem Messerrücken zerdrücken. Die Fischfilets trocken tupfen und in mundgerechte Stücke schneiden.

2 Das Öl in einem breiten Topf erhitzen. Zwiebel, Knoblauch, Fenchelsamen, Möhren und Fenchel darin bei mittlerer Hitze 5 Min. andünsten. Alles mit Fischfond und 100 ml Wasser ablöschen, aufkochen und zugedeckt ca. 5 Min. bei kleiner Hitze köcheln. Den Eintopf mit Salz und Pfeffer würzen. Lauch, Tortellini und Fischstücke in den Sud geben und zugedeckt bei kleiner bis mittlerer Hitze 7–8 Min. köcheln lassen. Beiseitegelegtes Fenchelgrün hacken und über den Eintopf streuen.

TIPP

Außer den festeren Fischsorten eignen sich auch Garnelen gut als Einlage.

ASIA-VOLLKORNNUDELN MIT GARNELEN

Applaus für den Asia-Topf! Knackiges Gemüse und Nudeln garen in Kokosmilch mit Currypaste. Gebratene Garnelen und Sesam sorgen für das gewisse Etwas.

350 g Brokkoli
200 g Bundmöhren
150 g Zuckerschoten
1 Bund Frühlingszwiebeln
1 Stück Ingwer (ca. 2 cm lang)
300 g geschälte rohe Riesengarnelen
4 EL Öl
Salz | Pfeffer
2 TL rote Thai-Currypaste (aus dem Asienregal)
400 g Kokosmilch (Dose)
300 g Vollkorn-Spaghetti
1 Bio-Limette
2 EL geschälter Sesam

Aroma-Sensation

Für 4 Personen |
30 Min. Zubereitung
Pro Portion ca. 690 kcal,
30 g EW, 36 g F, 59 g KH

1 Das Gemüse je nach Sorte putzen und waschen oder schälen. Den Brokkoli in kleine Röschen teilen, die Stiele klein würfeln. Die Möhren schräg in dünne Scheiben schneiden. Die Zuckerschoten diagonal halbieren. Die Frühlingszwiebeln in ca. 6 cm lange Stücke schneiden. Den Ingwer schälen und fein würfeln. Die Garnelen trocken tupfen.

2 In einem breiten Topf 2 EL Öl erhitzen und die Garnelen darin bei mittlerer Hitze 3–4 Min. von beiden Seiten braten. Herausnehmen, salzen und pfeffern und abgedeckt beiseitestellen.

3 Die restlichen 2 EL Öl in dem Topf erhitzen, Gemüse und Ingwer hineingeben und ca. 2 Min. bei großer Hitze unter Rühren anbraten. Dann die Currypaste einrühren, kurz erhitzen und alles mit Kokosmilch und 400 ml Wasser aufgießen. Die Spaghetti dazugeben, alles unter Rühren aufkochen und bei großer Hitze zugedeckt in 10–12 Min. sämig einkochen lassen, dabei den Nudeltopf öfter gut durchrühren.

4 Inzwischen die Limette heiß waschen und trocknen. Die Schale fein abreiben und 2 EL Limettensaft auspressen. Die Gemüsenudeln mit Salz, Pfeffer, Limettenschale und -saft abschmecken. Die Garnelen darauf verteilen und das Gericht zugedeckt noch ca. 5 Min. ziehen lassen. Mit dem Sesam bestreut servieren.

TIPP **Frische-Kick: Das Asia-Gericht mit Garten- oder Brunnenkresse und mit Limettenspalten servieren. Wer es lieber vegetarisch mag, lässt einfach die Garnelen weg.**

KÖRNCHENWEISE KÖSTLICHES

Wenn Spinat auf Curry-Hirse trifft, sich frisches Gemüse und Meeresfrüchte in der Paella vereinen und die Quinoa-Bowl in allen Farben leuchtet, dann gibt's ein Gipfeltreffen für Genießer. Freuen Sie sich auf einen Topf voller verführerischer Möglichkeiten!

GEMÜSE-COUSCOUS MIT HARISSA-HÄHNCHEN

Nicht nur optisch ein Hingucker: Mit zartem Fleisch, knackigem Gemüse und chiliwürzigem Couscous gelingt Ihnen auch kulinarisch die Reise in den Orient.

250 g Bundmöhren
200 g Zuckerschoten
1 junger Kohlrabi
4 Frühlingszwiebeln
400 g Hähnchenbrustfilet
Salz | Pfeffer
2 TL Harissa
(scharfe Würzpaste)
4 EL Olivenöl
100 g Mandeln
200 g Couscous
500 ml Gemüsebrühe
2 TL Zitronensaft

Bunter Orient-Mix

Für 4 Personen |
30 Min. Zubereitung
Pro Portion ca. 610 kcal,
37 g EW, 30 g F, 47 g KH

1 Die Möhren putzen, waschen oder dünn schälen und schräg in möglichst dünne Scheiben schneiden. Die Zuckerschoten waschen und diagonal halbieren. Den Kohlrabi putzen, schälen und ca. 1 cm groß würfeln. Die Frühlingszwiebeln waschen, putzen, die weißen und hellgrünen Teile in schräge Ringe schneiden.

2 Das Hähnchenfilet abbrausen, trocken tupfen und in ca. 2 cm große Würfel schneiden, mit Salz, Pfeffer und Harissa würzen. 2 EL Olivenöl in einem breiten Topf erhitzen, das Fleisch darin unter Wenden rundum 2–3 Min. bei großer Hitze anbraten und herausnehmen. Die übrigen 2 EL Öl im Topf erhitzen. Mandeln, Möhren, Zuckerschoten, Kohlrabi und die weißen Frühlingszwiebelringe dazugeben und 1–2 Min. mitdünsten. Den Couscous untermischen. Alles mit der Brühe aufgießen, aufkochen und zugedeckt bei kleiner Hitze ca. 10 Min. weitergaren.

3 Den Couscous mit Salz, Pfeffer und Zitronensaft abschmecken. Das Fleisch unterheben und kurz heiß werden lassen. Den Couscous auf Tellern anrichten und mit den grünen Frühlingszwiebelringen bestreut servieren. Nach Belieben einen Minze-Joghurt (siehe Tipp) dazu reichen.

TIPP **Den Gemüse-Couscous mit Minze-Joghurt toppen: 250 g griechischen Sahnejoghurt mit Salz und Pfeffer verrühren. 2 Stängel Minze abbrausen, trocken schütteln, die Blättchen abzupfen, fein hacken und untermischen.**

GEMÜSE-PILAW MIT NÜSSEN

Leicht, saftig und herrlich unkompliziert: Mit buntem Gemüse, Kurkuma, Koriander und fruchtig-nussigem Extra verführt der türkische Reis-Eintopf die Sinne.

4 kleine Zucchini
2 Möhren
2 rote Zwiebeln
2 Knoblauchzehen
2 EL Olivenöl
½ TL gemahlene Kurkuma
1 TL Korianderkörner
250 g Basmatireis
150 g Nuss-Mix mit Cranberrys
600 ml Gemüsebrühe
2 große Tomaten
Salz | Pfeffer

In Kürze voller Würze

Für 4 Personen | 30 Min. Zubereitung
Pro Portion ca. 555 kcal, 11 g EW, 29 g F, 60 g KH

1 Die Zucchini waschen, putzen und in Scheiben schneiden. Die Möhren putzen, schälen und klein würfeln. Die Zwiebeln abziehen und in feine Streifen schneiden. Die Knoblauchzehen abziehen und fein würfeln.

2 Das Öl in einem breiten Schmortopf erhitzen. Die Zwiebeln zufügen, mit Kurkuma bestäuben und in ca. 2 Min. glasig dünsten. Korianderkörner und Knoblauch dazugeben und bei mittlerer Hitze 1–2 Min. unter Rühren rösten, bis die Gewürze duften.

3 Den Reis unterrühren und glasig dünsten. Den Nuss-Mix, Zucchini und Möhren hinzufügen und ca. 2 Min. mitdünsten. Die Brühe angießen, alles aufkochen und bei mittlerer Hitze offen 10–12 Min. köcheln lassen. Ab und zu umrühren.

4 Inzwischen die Tomaten waschen, die Stielansätze entfernen, Tomaten vierteln, entkernen und in kleine Würfel schneiden. Die Tomaten unter den Reis heben und den Pilaw zugedeckt bei kleiner Hitze weitere 10 Min. köcheln lassen.

5 Den Pilaw mit Salz und Pfeffer abschmecken und nach Belieben mit einer Gurken-Joghurtsauce (siehe Tipp) servieren.

TIPP

Wenn ich mehr Zeit habe, bereite ich eine Gurken-Joghurtsauce zu. Sie rundet den orientalischen Genuss perfekt ab und setzt einen frischen Akzent. Dafür ½ Salatgurke putzen, schälen, längs halbieren, entkernen und fein würfeln. Salzen und ca. 10 Min. Saft ziehen lassen, dann die Gurken mit Küchenpapier ausdrücken. 2 Knoblauchzehen abziehen, fein hacken und mit 2 TL schwarzen Senfkörnern in 1 EL Olivenöl anrösten. Vom Herd nehmen. 200 g Sahnejoghurt mit 1 EL Zitronensaft, Knoblauch-Mix und Gurken verrühren. ½ Bio-Zitrone heiß waschen, trocknen, ½ TL Schale abreiben und untermischen. Den Dip mit Salz und Pul Biber (scharfen Paprikaflocken) abschmecken.

QUINOA-BUDDHA-BOWL MIT SÜSSKARTOFFELN

1 Süßkartoffel (ca. 300 g) | 300 g TK-grüne-Bohnen | 1 Dose Mais (285 g Abtropfgewicht) | 2 Tomaten | 250 g Quinoa | 500 ml Gemüsebrühe | 1 EL Tomatenmark | 1 TL gemahlener Kreuzkümmel | 2 EL Jalapeño-Chilis (geschnitten; aus dem Glas) | 1 reife Avocado | 2 EL Limettensaft | ½ Granatapfel | Salz | Pfeffer

Macht fit und glücklich

Für 4 Personen | 35 Min. Zubereitung
Pro Portion ca. 580 kcal, 20 g EW, 19 g F, 79 g KH

1 Die Süßkartoffel schälen und ca. 1 cm groß würfeln. Die Bohnen antauen lassen. Den Mais in ein Sieb abgießen, abbrausen und abtropfen lassen. Die Tomaten waschen und ohne Stielansätze in kleine Würfel schneiden. Die Quinoa in einem Sieb heiß abbrausen und abtropfen lassen.

2 In einem breiten Topf die Brühe mit Tomatenmark, Kreuzkümmel und Jalapeños verrühren. Süßkartoffeln, Bohnen, Mais, Tomaten und Quinoa untermischen. Alles zugedeckt bei großer Hitze aufkochen, dann offen bei mittlerer Hitze 20–25 Min. garen, bis die Flüssigkeit vollständig verdampft ist. Zwischendurch umrühren.

3 Inzwischen die Avocado halbieren, den Kern entfernen, das Fruchtfleisch mit einem Esslöffel aus der Schale heben, ca. 1 cm groß würfeln und sofort mit 1 EL Limettensaft beträufeln. Die Kerne aus dem Granatapfel auslösen.

4 Die Quinoa-Mischung mit Salz, Pfeffer und Limettensaft abschmecken. Auf Schalen verteilen und mit Avocadowürfeln und 40 g Granatapfelkernen bestreuen.

CURRY-SPINAT-HIRSE MIT PILZEN

500 g gemischte Pilze (z. B. Austernpilze, Champignons, Kräuterseitlinge, Shiitake) | 1 Zwiebel | 2 Knoblauchzehen | 2 EL Öl | 2 EL Sojasauce | 1 EL Butter | 250 g Hirse | 2 TL Currypulver | Salz | 1 l Gemüsebrühe | 200 g Baby-Spinat | Pfeffer | 2 TL Zitronensaft

Aromatische Kombi

Für 4 Personen | 40 Min. Zubereitung
Pro Portion ca. 420 kcal, 14 g EW, 18 g F, 54 g KH

1 Die Pilze putzen, von Shiitake-Pilzen die Stiele entfernen, alle Pilze in grobe Stücke schneiden. Zwiebel und Knoblauch abziehen und fein würfeln.

2 In einem breiten Topf das Öl erhitzen. Die vorbereiteten Pilze im heißen Öl in zwei Portionen nacheinander bei mittlerer bis großer Hitze ca. 5 Min. unter gelegentlichem Rühren anbraten, bis sie hellbraun werden. Die Pilze in eine Schüssel umfüllen, mit der Sojasauce würzen und abgedeckt beiseitestellen.

3 Die Butter im Topf erhitzen, Zwiebel und Knoblauch darin bei mittlerer Hitze 2–3 Min. andünsten. Die Hirse dazugeben und ca. 1 Min. mitdünsten. Das Curry darüberstäuben und kurz mit anschwitzen. Alles salzen, mit der Brühe aufgießen und aufkochen. Die Hirse offen 20–25 Min. bei mittlerer Hitze garen, dabei immer wieder umrühren.

4 Inzwischen den Spinat waschen, verlesen und putzen, am Ende der Garzeit auf die Hirse legen und zugedeckt in 2–3 Min. bei kleiner Hitze zusammenfallen lassen. Spinat unterheben und alles mit Salz, Pfeffer und 1–2 TL Zitronensaft abschmecken. Die Curry-Hirse auf Tellern anrichten, die gebratenen Pilze daraufgeben.

ONE-POT-MEERESFRÜCHTE-PAELLA

Das schmeckt nach Meer: Der spanische Klassiker kommt immer gut. Kabeljau im Schinkenmantel macht ihn zu einem echten Highlight und intensiviert das Aroma.

360 g Kabeljaufilet (oder, besonders edel: Steinbeißer)
Salz | Pfeffer
2 EL Zitronensaft
4 Scheiben Serrano-Schinken
300 g rote Spitzpaprika
1 Zwiebel
2 Knoblauchzehen
6 EL Olivenöl
250 g Risottoreis
1 Döschen Safranpulver (0,1 g)
750 ml heiße Gemüsebrühe
250 g frische Miesmuscheln
8 rohe, geschälte Garnelen
200 g TK-Erbsen
½ Zitrone zum Garnieren

Gut für Gäste

Für 4 Personen | 40 Min. Zubereitung | 30 Min. Garen
Pro Portion ca. 520 kcal, 32 g EW, 18 g F, 55 g KH

1 Den Fisch trocken tupfen und in 4 gleich große Stücke schneiden. Wenig salzen und pfeffern, mit Zitronensaft beträufeln und mit jeweils 1 Schinkenscheibe umwickeln (Bild 1). Die Spitzpaprika längs halbieren, Kerne entfernen, die Schoten waschen und quer in ca. 2 cm breite Streifen schneiden. Zwiebel abziehen, in Spalten schneiden. Knoblauch abziehen und fein würfeln.

2 3 EL Öl in einem breiten Topf erhitzen. Die Fischpäckchen darin mit der Naht nach unten bei mittlerer Hitze ca. 5 Min. braten, einmal wenden. Herausnehmen und abgedeckt warm halten. Die übrigen 3 EL Öl im Topf erhitzen. Zwiebel, Paprika und Knoblauch darin ca. 2 Min. bei mittlerer Hitze andünsten. Reis und Safran unterrühren und alles mit 500 ml Brühe aufgießen (Bild 2). Die Mischung aufkochen und offen bei mittlerer Hitze ca. 15 Min. garen, ab und zu umrühren.

3 Inzwischen die Muscheln gut waschen, geöffnete und beschädigte wegwerfen. Garnelen trocken tupfen. Muscheln, Garnelen und Erbsen unter den Reis mischen (Bild 3). Falls nötig, noch etwas Brühe nachgießen, Deckel auflegen und alles weitere ca. 10 Min. bei kleiner Hitze köcheln, bis der Reis gar ist.

4 Die Paella mit Salz und Pfeffer abschmecken. Die Fischpäckchen darauflegen und alles noch ca. 5 Min. zugedeckt bei kleiner Hitze ziehen lassen. Die Zitrone in Spalten schneiden und die Paella damit garnieren.

TIPP **Aroma plus: Mit den Meeresfrüchten noch 2 EL schwarze Oliven oder 2 EL Rauchmandeln (erhältlich im gut sortierten Supermarkt) unter den Paella-Reis mischen.**

1

2

3

ZANDER AUF ROTEM GRAUPEN-RISOTTO

Die Italiener schwören auf Reis, wir nehmen die Gerste aufs Korn: Mit kross gebratenem Zander on top machen die kernigen Graupen echt was her.

4 Zanderfilets mit Haut (à ca. 125 g)
Salz | Pfeffer
500 g Rote Bete
1 Zwiebel
2 Knoblauchzehen
4 EL Olivenöl
175 g Perlgraupen
100 ml trockener Rotwein (ersatzweise Rote-Bete-Saft)
1 l heiße Gemüsebrühe
½ Bund Dill
1 Stück frischer Meerrettich (ca. 2 cm; ersatzweise 2 EL geriebener Meerrettich aus dem Glas)
1 EL Butter

Raffiniert und gästetauglich

Für 4 Personen | 45 Min. Zubereitung
Pro Portion ca. 450 kcal, 31 g EW, 15 g F, 41 g KH

1 Die Zanderfilets trocken tupfen und von beiden Seiten mit Salz und Pfeffer würzen. Die Roten Beten putzen, schälen und in ca. 1 cm große Würfel schneiden. Zwiebel und Knoblauchzehen abziehen und fein würfeln.

2 In einem breiten Topf 2 EL Olivenöl erhitzen. Die Zanderfilets darin bei mittlerer bis starker Hitze von jeder Seite ca. 2 Min. braten, herausnehmen und abgedeckt beiseitestellen. Das übrige Öl im Topf erhitzen, Zwiebel und Knoblauch darin andünsten. Graupen und Rote Bete dazugeben und 1–2 Min. mitdünsten. Alles mit dem Rotwein ablöschen und diesen offen fast vollständig einkochen lassen. Etwa ⅓ der Brühe dazugießen und bei mittlerer Hitze unter Rühren einkochen lassen, bis die Graupen die Brühe aufgesogen haben. Die restliche Brühe nach und nach angießen und die Graupen im offenen Topf bei kleiner Hitze unter gelegentlichem Rühren in 25–30 Min. weich garen.

3 Inzwischen den Dill abbrausen, trocken schütteln, die Blätter abzupfen und bis auf ein paar Spitzen hacken. Den Meerrettich schälen und reiben. Den Risotto mit Salz und Pfeffer abschmecken, Dill und Butter untermischen (Meerrettich aus dem Glas ebenfalls einrühren). Die Zanderfilets auf den Risotto legen, mit Meerrettich bestreuen und das Ganze bei aufgelegtem Deckel noch ca. 5 Min. ziehen lassen. Risotto und Fisch auf Tellern anrichten und mit Dill garnieren.

TIPP **Graupen sind geschälte und polierte Weizen- oder Gerstenkörner. Wer sie lieber durch klassischen Risottoreis ersetzen möchte, muss beim Garen etwas mehr Brühe nehmen.**

SERBISCHES BLITZ-REISFLEISCH

400 g Rinderminutensteaks (aus der Hüfte) | 2 Zwiebeln | 1 Pck. TK-Balkangemüse (ca. 500 g; Erbsen oder Bohnen, Mais, Paprika; ohne Zusatzstoffe) | 3 EL Öl | 300 g 10-Minuten-Langkornreis | Salz | Pfeffer | 1 TL edelsüßes Paprikapulver | 350 ml Fleischbrühe | 200 ml Tomatensaft | 200 g Tomaten | ½ Bund Petersilie | 3 EL scharfes Ajvar (Paprikapaste)

Klassiker verschärft gut

Für 4 Personen | 30 Min. Zubereitung
Pro Portion ca. 665 kcal, 31 g EW, 24 g F, 82 g KH

1 Die Rindersteaks trocken tupfen und in Streifen schneiden. Die Zwiebeln abziehen und würfeln. Das Balkangemüse antauen lassen.

2 Das Öl in einem breiten Schmortopf erhitzen, Fleischstreifen und Zwiebeln darin bei großer Hitze unter Rühren in 3–4 Min. braun anbraten. Balkanmischung und Reis dazugeben, kurz andünsten und mit Salz, Pfeffer und Paprika würzen. Die Brühe angießen und den Tomatensaft zufügen, alles unter Rühren aufkochen und zugedeckt bei mittlerer Hitze 10–12 Min. köcheln lassen, bis der Reis gar ist. Dabei gelegentlich umrühren und bei Bedarf noch 1 Schuss Wasser zugeben.

3 Inzwischen die Tomaten waschen und ohne Stielansätze in Spalten schneiden. Die Petersilie abbrausen, trocken schütteln und die Blätter fein hacken. Ajvar und Tomaten untermischen, das Reisfleisch mit Salz und Pfeffer würzen und mit gehackter Petersilie bestreut servieren.

TIPP

Jede Portion mit 1 Klecks Schmand anrichten und mit edelsüßem Paprikapulver bestäuben.

HEISSE TABOULÉ MIT HALLOUMI

2 Pck. Halloumi (Grillkäse; à 225 g) | 1 Salatgurke (ca. 400 g) | 4 Tomaten | 4 Frühlingszwiebeln | 5 EL Olivenöl | 300 g Bulgur | 2 TL Tomatenmark | 600 ml Gemüsebrühe | 1 Bund Petersilie | Salz | 3 EL Zitronensaft | 1 TL Pul Biber (scharfe Paprikaflocken)

Macht Lust auf Sommer

Für 4 Personen | 45 Min. Zubereitung
Pro Portion ca. 780 kcal, 36 g EW, 44 g F, 58 g KH

1 Halloumi trocken tupfen und in ca. 1 cm dicke Scheiben schneiden. Gurke waschen, putzen und halb schälen, sodass sie gestreift aussieht, dann längs halbieren und entkernen. Tomaten waschen, die Stielansätze entfernen, Gurke und Tomaten in ca. 1 cm große Würfel schneiden. Frühlingszwiebeln waschen, putzen, Weißes und Hellgrünes in feine Ringe schneiden.

2 In einem breiten Schmortopf 2 EL Öl erhitzen, den Halloumi darin portionsweise bei mittlerer Hitze in 2–3 Min. pro Seite goldbraun braten, herausnehmen und abgedeckt beiseitestellen. Bulgur und Tomatenmark einrühren und im Bratfett kurz andünsten. Die Brühe zugießen, aufkochen und zugedeckt bei kleiner Hitze ca. 10 Min. quellen lassen. Inzwischen die Petersilie abbrausen, trocken schütteln, die Blätter fein hacken.

3 Den Bulgur mit einer Gabel auflockern, mit Salz, Zitronensaft und 1–2 TL Pul Biber würzen. Gurken, Tomaten, Frühlingszwiebeln, Petersilie (bis auf 1 EL) und die übrigen 3 EL Olivenöl unter den Bulgur mischen. Die gebratenen Halloumischeiben darauflegen und alles zugedeckt weitere 5 Min. bei kleiner Hitze heiß werden lassen. Warme Taboulé und Halloumi auf flachen Tellern anrichten und mit übriger Petersilie bestreut servieren.

KNOLLIG GUT

Deckel auf – und genießen! Kartoffeln, Bataten und Kürbis kommen hier als Topfschlager daher: herzhaft oder verfeinert, aber immer aromatisch. Ob mit frischem Sauerkraut, knackigen Paprika und Pilzen, saftigem Lachs oder Huhn kombiniert – wir bitten zur Lieblings-Pot-Probe.

BROKKOLI-KARTOFFEL-TOPF MIT LACHS

Saftiger geht es nicht! Gemüse in aromatischer Zitronen-Käse-Sahnesauce, gekrönt von feinem Fisch: Der Schlemmertopf begeistert auch als Sonntagsessen.

800 g vorwiegend festkochende Kartoffeln
3 mittelgroße Möhren
400 g Brokkoli
1 Zwiebel
1 Bio-Zitrone
2 EL Öl
150 ml Hühnerbrühe (ersatzweise Gemüsebrühe)
250 g Sahne
600 g Lachsfilet (ohne Haut)
30 g junger Gouda
Salz | Pfeffer
½ Bund Dill

Saftiges Vergnügen

Für 4 Personen | 45 Min. Zubereitung
Pro Portion ca. 720 kcal, 40 g EW, 48 g F, 33 g KH

1 Die Kartoffeln schälen, waschen und 1 cm groß würfeln. Die Möhren putzen, schälen und in dünne Scheiben schneiden. Den Brokkoli waschen, putzen und in kleine Röschen teilen. Die Stiele schälen und klein würfeln. Die Zwiebel abziehen und würfeln. Die Zitrone heiß waschen, trocknen und 1 TL Schale abreiben.

2 Das Öl in einem breiten Topf erhitzen, die Zwiebel darin ca. 5 Min. bei mittlerer Hitze andünsten. Kartoffeln, Möhren und Brokkoli dazugeben und gut verrühren. Brühe und Sahne angießen, alles aufkochen und unter gelegentlichem Rühren offen bei mittlerer Hitze in 15–20 Min. sämig einköcheln lassen. Dabei zwischendurch umrühren.

3 Inzwischen das Lachsfilet trocken tupfen und in ca. 2 cm große Würfel schneiden. Den Gouda reiben. Das Kartoffel-Gemüse mit Salz, Pfeffer und Zitronenschale abschmecken und den Gouda unterrühren. Den Lachs auf dem Gemüse verteilen, den Deckel auflegen und das Ganze zugedeckt bei kleiner Hitze weitere 10 Min. garen.

4 Den Dill abbrausen, trocken schütteln, die Blätter abzupfen und grob hacken. Die Lachswürfel vorsichtig unterheben. Das Kartoffel-Gemüse auf Tellern anrichten, mit dem Dill bestreuen und sofort servieren.

TIPP **Wer beim Kochen lieber Kalorien einsparen möchte, kann zum Verfeinern Kochsahne verwenden. Sie enthält nur halb so viel Fett wie Schlagsahne.**

KÜRBIS-KARTOFFEL-GULASCH

Paprikawürzig, zitronenfrisch und herrlich sämig: Das Veggie-Ragout aus Butternusskürbis, Kartoffeln und Tomaten überzeugt als leichte und farbenfrohe Mahlzeit.

1 kg Butternuss-Kürbis (ersatzweise Hokkaido-Kürbis)
500 g festkochende Kartoffeln
4 Möhren
2 rote Paprika
2 Zwiebeln
2 Knoblauchzehen
5 EL Öl
Salz | Pfeffer
2 TL edelsüßes Paprikapulver
1 TL rosenscharfes Paprikapulver
1 EL Tomatenmark
500 ml Gemüsebrühe
200 g passierte Tomaten (Dose)

Herbstliche Star-Combo

Für 4 Personen |
1 Std. Zubereitung
Pro Portion ca. 290 kcal,
7 g EW, 14 g F, 33 g KH

1 Den Kürbis putzen, schälen, dabei die Fasern und Kerne mit einem Löffel entfernen. Kartoffeln und Möhren putzen, schälen, falls nötig waschen und ebenso wie das Kürbisfleisch in ca. 1,5 cm große Würfel schneiden. Die Paprika halbieren, Trennwände und Kerne entfernen, die Schoten ebenfalls 1,5 cm groß würfeln. Zwiebeln und Knoblauch abziehen und fein würfeln.

2 Das Öl in einem Schmortopf erhitzen, die Zwiebeln darin bei mittlerer Hitze ca. 2 Min. glasig andünsten. Kürbisstücke, Kartoffeln, Möhren, Paprika und Knoblauch dazugeben und bei mittlerer Hitze unter Rühren 2–3 Min. mitdünsten. Alles salzen, pfeffern und mit beiden Sorten Paprikapulver bestreuen. Das Tomatenmark einrühren und 2–3 Min. anrösten. Brühe und Tomaten zugeben, alles unter Rühren aufkochen, dann mit halb aufgelegtem Deckel bei mittlerer Hitze ca. 25 Min. leise köcheln lassen.

3 Das Kürbisgulasch mit Salz und Pfeffer abschmecken und noch ca. 5 Min. zugedeckt bei kleiner Hitze köcheln lassen. Das Kürbis-Kartoffel-Gulasch in Schalen oder tiefen Tellern anrichten.

TIPP

Erfrischend anders: Mit Parmesan-Gremolata drücke ich dem Kürbis-Kartoffel-Gulasch einen italienischen Stempel auf. Dafür 1 Bund Petersilie abbrausen, trocken schütteln und die Blätter hacken. 50 g italienischen Hartkäse (z. B. Parmesan oder Grana padano) fein reiben. ½ Bio-Zitrone heiß waschen, trocknen und die Schale abreiben. Alle Zutaten vermischen und vor dem Servieren auf das Gulasch streuen.

VARIANTE

Ich bereite das Kürbisgericht auch manchmal als Curry zu. Statt edelsüßem und rosenscharfem Paprikapulver verwende ich Garam Masala, eine indische Gewürzmischung. Außerdem schneide ich noch 20 g Ingwer und 2 rote Chilischoten in winzig kleine Würfel und dünste beides mit dem Gemüse an. Die Gremolata lasse ich weg und toppe das Curry einfach mit gehacktem Koriandergrün und Bio-Limettenspalten.

GNOCCHI-PFIFFERLINGS-RAGOUT

250 g Pfifferlinge | 250 g Champignons | 3 Schalotten | 2 Knoblauchzehen | 2 EL Olivenöl | 75 ml trockener Sherry (ersatzweise Gemüsebrühe) | 500 g Gnocchi (aus dem Kühlregal) | 100 ml Gemüsebrühe | 200 g Sahne | 1 TL getrockneter Thymian | 150 g Kirschtomaten | ½ Bund Petersilie | Salz | Pfeffer

Blitzidee für Feinschmecker

Für 4 Personen | 30 Min. Zubereitung
Pro Portion ca. 460 kcal, 48 g EW, 22 g F, 52 g KH

1 Die Pilze putzen, abreiben, nur wenn nötig kurz abbrausen. Kleine Pfifferlinge ganz lassen, größere grob zerteilen. Die Champignons je nach Größe halbieren oder vierteln. Schalotten und Knoblauch abziehen und fein würfeln.

2 Das Öl in einem breiten Topf erhitzen, Schalotten und Knoblauch darin bei mittlerer Hitze glasig dünsten. Die Pilze zufügen und 2–3 Min. unter Rühren mitdünsten. Mit dem Sherry ablöschen, bei großer Hitze einkochen lassen. Die Gnocchi hinzufügen, 1–2 Min. anbraten. Mit Brühe und Sahne ablöschen, den Thymian dazugeben. Alles aufkochen und offen bei mittlerer Hitze ca. 10 Min. köcheln lassen, ab und zu umrühren.

3 Inzwischen die Kirschtomaten waschen und halbieren. Die Petersilie abbrausen, trocken schütteln, die Blätter abzupfen und fein hacken. Das Pilzragout mit Salz und Pfeffer abschmecken. Tomaten und Petersilie (bis auf 1 EL) untermischen und kurz erhitzen. Das Ragout in tiefen Tellern anrichten und mit Petersilie bestreut servieren.

MANGOLD-KARTOFFEL-GEMÜSE MIT EIERN

500 g Mangold | 600 g vorwiegend festkochende Kartoffeln | 2 rote Paprika | 1 Zwiebel | 1 Knoblauchzehe | 2 EL Olivenöl | Salz | Pfeffer | 400 g stückige Tomaten (Dose) | 1 ½ EL Tomatenmark | 2 TL Aceto balsamico | 8 Eier | 50 g Pecorino (ersatzweise Manchego)

Vegetarisches Highlight

Für 4 Portionen | 40 Min. Zubereitung
Pro Portion ca. 390 kcal, 23 g EW, 21 g F, 26 g KH

1 Den Mangold waschen, putzen, Stiele in kleine Würfel, Blätter in ca. 1 cm breite Streifen schneiden und grob hacken. Die Kartoffeln schälen, waschen und ca. 1 cm groß würfeln. Die Paprika halbieren, Trennwände und Kerne entfernen, Schoten waschen und klein schneiden. Zwiebel und Knoblauch abziehen und fein würfeln.

2 Das Öl in einem breiten Schmortopf erhitzen, Zwiebel und Knoblauch darin glasig dünsten. Mangoldstiele, Kartoffeln und Paprika dazugeben und bei mittlerer Hitze 2–3 Min. unter Rühren dünsten. Mit Salz und Pfeffer würzen. Tomaten, Tomatenmark, Aceto balsamico und 300 ml Wasser einrühren, alles aufkochen und offen 10–12 Min. bei mittlerer Hitze köcheln, bis die Sauce leicht sämig ist. Ab und zu umrühren. Das Mangoldgrün auf das Kartoffelgemüse legen und zugedeckt ca. 5 Min. mitgaren, dann untermischen und das Gemüse salzen und pfeffern.

3 Mit einem Löffel 8 Mulden in das Gemüse drücken. Je 1 Ei hineinschlagen, mit Salz und Pfeffer würzen und bei aufgelegtem Deckel auflegen in ca. 5 Min. stocken lassen. Den Käse reiben und das Gemüse vor dem Servieren damit bestreuen.

AFRIKANISCHER HÄHNCHEN-ERDNUSSTOPF

Soul-Food-Dinner: Erdnuss-Sauce zum Hühnchen sorgt für den geschmacklichen Akzent. Das Gemüse darf ganz nach Marktlage variiert werden.

1 Brathähnchen (ca. 1,2 kg)
Salz | Pfeffer
2 rote Zwiebeln
2 Knoblauchzehen
2 Stangen Staudensellerie
1 grüne Paprika
500 g Süßkartoffeln
4 EL Öl
1 TL gemahlener Kreuzkümmel
½ TL Cayennepfeffer
300 ml Hühnerbrühe
1 Dose Kichererbsen (250 g Abtropfgewicht)
100 g Erdnussmus
½ Bund Koriandergrün

Mit Schärfe-Kick

Für 4 Personen | 1 Std. Zubereitung
Pro Portion ca. 795 kcal, 58 g EW, 46 g F, 36 g KH

1 Das Hähnchen in 8–10 Teile zerlegen, abbrausen, trocken tupfen und kräftig mit Salz und Pfeffer würzen. Zwiebeln und Knoblauch abziehen und würfeln. Den Staudensellerie waschen, putzen und in dünne Scheiben schneiden, das Grün aufbewahren. Die Paprika vierteln, Trennwände und Kerne entfernen, die Schote waschen und in mundgerechte Stücke schneiden. Die Süßkartoffeln schälen und ca. 2 cm groß würfeln.

2 Das Öl in einem breiten Schmortopf erhitzen, die Hähnchenteile darin portionsweise in ca. 5 Min. bei großer Hitze rundherum braun anbraten und herausnehmen. Zwiebeln, Knoblauch, Sellerie, Paprika und Süßkartoffeln im Bratfett ca. 3 Min. unter Rühren bei mittlerer Hitze anbraten. Alles mit Kreuzkümmel, Cayennepfeffer, Salz und Pfeffer würzen. Die Brühe dazugießen und die Hähnchenteile samt Bratensaft zurück in den Topf geben. Alles zugedeckt aufkochen und ca. 15 Min. bei mittlerer Hitze schmoren, ab und zu umrühren.

3 Inzwischen die Kichererbsen in ein Sieb abgießen, abbrausen und gut abtropfen lassen. Die Hähnchenteile aus dem Topf heben. Kichererbsen und Erdnussmus zugeben und gut unterrühren. Das Hähnchen wieder darauflegen und alles weitere 10 Min. zugedeckt bei kleiner Hitze kocheln, bis Fleisch und Süßkartoffeln gar sind. Inzwischen das Koriandergrün abbrausen, trocken schütteln, die Blätter abzupfen und mit dem Selleriegrün hacken. Hähnchen und Gemüse mit den Kräutern bestreut servieren.

PICHELSTEINER EINTOPF

2 Möhren | 150 g Pastinake | 150 g Knollensellerie | 500 g Wirsing | 600 g kleine festkochende Kartoffeln | 2 Zwiebeln | 400 g Schweinenacken (ohne Knochen) | 400 g magere Rinderschulter | 2 EL Öl | Salz | Pfeffer | 1 l Fleischbrühe | 1 Bund Petersilie

Herzhaft und unkompliziert

Für 4 Personen | 30 Min. Zubereitung | 1 Std. Garen
Pro Portion ca. 595 kcal, 43 g EW, 33 g F, 31 g KH

1 Möhren, Pastinake und Sellerie putzen, schälen und in dünne Scheiben schneiden. Den Wirsing putzen, waschen und ohne Strunk in ca. 1 cm breite Streifen schneiden. Die Kartoffeln schälen, waschen und in Scheiben schneiden. Die Zwiebeln abziehen, halbieren und in Halbringe schneiden.

2 Das Fleisch trocken tupfen und in ca. 2 cm große Würfel schneiden. Das Öl in einem breiten Schmortopf erhitzen, das Fleisch darin in zwei Portionen bei großer Hitze in ca. 5 Min. rundum anbraten, mit Salz und Pfeffer würzen und herausnehmen.

3 Die Zwiebeln ins Bratfett geben, bei mittlerer Hitze ca. 2 Min. andünsten. Abwechselnd Kartoffeln, Wurzelgemüse, Wirsing und Fleisch in den Topf schichten, dabei die Lagen immer wieder leicht mit Salz und Pfeffer würzen. Die Fleischbrühe angießen, alles zugedeckt bei mittlerer Hitze aufkochen, dann die Hitze herunterschalten und den Eintopf zugedeckt bei kleiner Hitze ca. 1 Std. köcheln.

4 Kurz vor Ende der Garzeit die Petersilie abbrausen, trocken schütteln, die Blätter abzupfen und hacken. Den Eintopf in tiefen Tellern anrichten und mit Petersilie bestreut servieren.

KARTOFFEL-LINSEN-TOPF MIT WÜRSTCHEN

300 g Rostbratwurst (z. B. Nürnberger) | 1 Zwiebel | 2 Knoblauchzehen | 1 EL Öl | 150 g Tellerlinsen | 1,2 l Hühnerbrühe | 1 TL getrockneter Majoran | 500 g festkochende Kartoffeln | 1 Stange Lauch | 2 Möhren | ½ Bund Schnittlauch | Salz | Pfeffer

Würziger Familien-Hit

Für 4 Personen | 40 Min. Zubereitung
Pro Portion ca. 480 kcal, 24 g EW, 26 g F, 36 g KH

1 Die Würstchen schräg in ca. 2 cm große Stücke schneiden. Zwiebel und Knoblauch abziehen, fein würfeln. Das Öl in einem breiten Topf erhitzen, die Wurststücke darin bei mittlerer Hitze in ca. 5 Min. rundum braun anbraten und herausnehmen. Zwiebel und Knoblauch im Bratfett glasig dünsten. Die Linsen hinzufügen und 1–2 Min. mitdünsten. Alles mit der Brühe auffüllen, den Majoran zugeben, zugedeckt aufkochen, dann den Eintopf bei kleiner Hitze ca. 30 Min. köcheln lassen.

2 Inzwischen die Kartoffeln schälen, waschen und in 1–2 cm große Würfel schneiden. Den Lauch putzen, gründlich waschen, weiße und grüne Teile schräg in feine Ringe schneiden. Die Möhren putzen, schälen, längs halbieren und in Scheiben schneiden. Ca. 10 Min. vor Ende der Garzeit Kartoffeln, Möhren und Lauch zu den Linsen geben, erneut aufkochen und zugedeckt weiterkochen.

3 Die Wurststücke etwa 2 Min. vor Ende der Garzeit in den Topf geben und mit erwärmen. Den Schnittlauch abbrausen, trocken schütteln und in feine Röllchen schneiden. Den Eintopf mit Salz und Pfeffer kräftig abschmecken und mit Schnittlauch bestreut servieren.

SCHWEINEFILET AUF RAHMSAUERKRAUT

Raffiniert! Zartes Schweinefilet kommt auf Sauerkraut, Kartoffeln und Äpfeln in Cidresauce groß raus. Thymian sorgt für Würze, Crème fraîche rundet den Geschmack ab.

1 Schweinefilet (ca. 700 g)
Salz | Pfeffer
600 g vorwiegend festkochende Kartoffeln
2 mittelgroße Äpfel (z. B. Elstar)
3 Schalotten
500 g Weinsauerkraut (aus dem Folienbeutel)
4 Thymianzweige
2 EL Butterschmalz
150 ml halbtrockener Cidre (ersatzweise Apfelsaft)
400 ml Hühnerfond (aus dem Glas)
150 g Crème fraîche
½ Bund Petersilie

Auch für Gäste

Für 4 Personen | 40 Min. Zubereitung
Pro Portion ca. 550 kcal, 43 g EW, 27 g F, 29 g KH

1 Das Schweinefilet trocken tupfen und in zwölf Scheiben schneiden, mit Salz und Pfeffer würzen. Die Kartoffeln schälen, waschen und ca. 1 cm groß würfeln. Die Äpfel vierteln, schälen, das Kerngehäuse entfernen und die Viertel in dünne Scheiben schneiden. Die Schalotten abziehen und fein würfeln. Das Sauerkraut in einem Sieb abtropfen lassen. Den Thymian abbrausen und trocken schütteln.

2 In einem breiten Schmortopf das Butterschmalz erhitzen, die Filetscheiben darin in zwei Portionen nacheinander von jeder Seite in ca. 2 Min. hellbraun braten. Herausnehmen und in Alufolie wickeln. Die Schalotten im übrigen Bratfett bei mittlerer Hitze in 2–3 Min. glasig dünsten. Kartoffeln, Sauerkraut, die Hälfte der Apfelstücke und Thymianzweige dazugeben und ca. 2 Min. mitdünsten. Alles salzen, mit Cidre und Fond ablöschen, zugedeckt aufkochen und bei mittlerer Hitze ca. 15 Min. kochen.

3 Die Crème fraîche und die übrigen Apfelscheiben unter das Kraut mischen und offen ca. 5 Min. bei großer Hitze einkochen lassen. Mit Salz und Pfeffer abschmecken, den Thymian entfernen. Die Schweinemedaillons auf dem Kartoffel-Sauerkraut verteilen und zugedeckt ca. 5 Min. bei kleiner Hitze heiß werden lassen. Die Petersilie abbrausen, trocken schütteln, die Blätter abzupfen und hacken. Das Kartoffel-Rahmsauerkraut und die Schweinemedaillons mit Petersilie bestreut servieren.

EIN HOCH AUF HÜLSENFRÜCHTE

Bohnen, Erbsen, Linsen in Hülle und Fülle …
Und zwar nicht nur in heimischen Töpfen: Mit rasantem Auberginen-Curry, edlen Involtini auf Linsenragout und gewürzduftender Tajine enthüll(s)en wir, was in den rustikalen Samen steckt. Grenzenloser Genuss für Gern-Esser!

CHILI CON CARNE

Leicht feurig und schön würzig: Der Eintopf mit Rinderhack, Kidneybohnen, Reis und Chili macht nicht nur satt, sondern heizt bei Partys auch ordentlich ein.

1 rote Paprika
2 Zwiebeln
1 Knoblauchzehe
1 frische rote Chilischote
1 Dose Kidneybohnen (250 g Abtropfgewicht)
1 kleine Dose Mais (140 g Abtropfgewicht)
2 EL Olivenöl
1 ½ EL Chilipulver (Gewürzmischung)
400 g Rinderhackfleisch
Salz | Pfeffer
1 Dose geschälte Tomaten (400 g)
75 g 10-Minuten-Langkornreis
4 Frühlingszwiebeln

Darauf sind alle scharf

Für 4 Personen | 30 Min. Zubereitung | 40 Min. Garen
Pro Portion ca. 455 kcal, 30 g EW, 21 g F, 38 g KH

1 Die Paprikaschote vierteln, Trennwände und Kerne entfernen, die Schote waschen und in ca. 1 cm große Würfel schneiden. Zwiebeln und Knoblauch abziehen und fein würfeln. Die Chilischote putzen, längs aufschneiden, die Kerne entfernen, die Hälften waschen und in kleine Würfel schneiden. Kidneybohnen und Mais in ein Sieb abgießen, abbrausen und gut abtropfen lassen.

2 Das Öl in einem breiten Schmortopf erhitzen. Zwiebeln, Knoblauch, Chili und Paprika darin bei mittlerer Hitze 3–4 Min. andünsten. Chilipulver und Hackfleisch dazugeben und unter Rühren ca. 5 Min. mitbraten. Alles mit Salz und Pfeffer würzen. Die Tomaten mit Saft dazugeben und mit dem Kochlöffel zerdrücken. 500 ml Wasser dazugießen und alles zugedeckt bei mittlerer Hitze zum Kochen bringen. Das Chili offen bei kleiner bis mittlerer Hitze ca. 40 Min. köcheln, zwischendurch umrühren.

3 Nach 20 Min. Garzeit den Reis dazugeben. Falls das Chili zu stark eingekocht ist, evtl. noch etwas Wasser dazugießen und zu Ende garen. Inzwischen die Frühlingszwiebeln waschen, putzen, weiße und hellgrüne Teile schräg in feine Ringe schneiden. Ca. 5 Min. vor dem Servieren Kidneybohnen, Mais und ⅔ der Frühlingszwiebeln unter das Chili mischen. Mit Salz und Pfeffer kräftig abschmecken. Das Chili in Schalen anrichten und mit den restlichen Frühlingszwiebeln bestreut servieren.

TIPP **Frische-Kick: 250 g saure Sahne mit 2 EL Limettensaft und Salz zu einem Dip verrühren. In eine Schale geben, mit Chiliflocken bestreuen und extra zum Eintopf reichen.**

WINTER-MINESTRONE MIT MARONEN

Der italienische Klassiker überrascht hier mit Rosenkohl, Maronen und weißen Bohnen als sättigender Wohlfühl-Eintopf – ein echtes Sonnenschein-Gericht für kalte Tage.

2 Zwiebeln
2 Knoblauchzehen
400 g Rosenkohl
150 g Möhren
3 EL Olivenöl
1 Dose stückige Tomaten (400 g)
2 TL getrockneter Oregano
600 ml Gemüsebrühe
Salz | Pfeffer
200 g gegarte Maronen (vakuumiert)
1 Dose weiße Bohnen (z. B. weiße Riesenbohnen; 250 g Abtropfgewicht
½ Bund Petersilie
50 g italienischer Hartkäse (z. B. Parmesan oder Grana padano)

Fleischloser Seelenwärmer

Für 4 Personen | 35 Min. Zubereitung
Pro Portion ca. 320 kcal, 16 g EW, 12 g F, 35 g KH

1 Zwiebeln und Knoblauch abziehen und fein würfeln. Den Rosenkohl waschen, putzen, je nach Größe ganz lassen oder halbieren. Die Möhren putzen, schälen und in Scheiben schneiden.

2 In einem breiten Topf das Olivenöl erhitzen. Zwiebeln, Knoblauch, Rosenkohl und Möhren darin bei mittlerer Hitze 2–3 Min. andünsten. Tomaten, Oregano und Brühe hinzufügen. Alles salzen und pfeffern und zugedeckt bei großer Hitze aufkochen, dann 10–15 Min. bei mittlerer Hitze garen.

3 Inzwischen die Maronen aus der Packung nehmen und nach Belieben grob zerteilen. Die weißen Bohnen in ein Sieb abgießen, abbrausen und gut abtropfen lassen. Beide Zutaten ca. 5 Min. vor Ende der Garzeit zum Eintopf geben und bei kleiner Hitze zugedeckt mitgaren.

4 Inzwischen die Petersilie abbrausen, trocken schütteln, die Blätter abzupfen und hacken. Den Käse fein reiben. Die Minestrone mit Salz und Pfeffer abschmecken und in tiefen Tellern anrichten. Mit Käse und Petersilie bestreut servieren.

TIPP

Außerhalb der Wintersaison können Sie den frischen Rosenkohl durch 300 g TK-Rosenkohl ersetzen. Geben Sie ihn einfach tiefgefroren ohne vorheriges Andünsten direkt in die heiße Tomatenbrühe.

INVOLTINI AUF LINSEN-GEMÜSE-RAGOUT

Zart von der Rolle: Kalbsschnitzel mit Parmaschinken und Salbei schmoren sanft auf herzhaftem Wurzelgemüse mit Berglinsen und Tomaten. Das Resultat: ein wahres Fest!

8 dünne Kalbsschnitzel (à ca. 80 g)
Salz | Pfeffer
4 Scheiben Parmaschinken
8 Salbeiblätter
4 Möhren
3 Stangen Staudensellerie
2 rote Zwiebeln
2 Knoblauchzehen
1 Zweig Rosmarin
4 EL Olivenöl
200 g Berglinsen
1 Dose stückige Tomaten (400 g)
500 ml milde Gemüsebrühe
½ Bund Petersilie
Außerdem:
8 kleine Holzspießchen

Sonntagsessen auf Italienisch

Für 4 Personen |
30 Min. Zubereitung |
25 Min. Garen
Pro Portion ca. 485 kcal,
50 g EW, 14 g F, 38 g KH

1 Die Kalbsschnitzel trocken tupfen, flach klopfen, salzen und pfeffern. Den Schinken jeweils längs halbieren. Den Salbei abbrausen und trocken tupfen. Die Schnitzel mit je ½ Schinkenscheibe und 1 Salbeiblatt belegen, einrollen und mit Holzspießchen zusammenstecken (Bild 1). Die Möhren putzen und schälen. Den Sellerie putzen und waschen. Zwiebeln und Knoblauch abziehen. Sämtliche Gemüsesorten klein würfeln. Den Rosmarin abbrausen und trocken schütteln.

2 Das Öl in einem breiten Schmortopf erhitzen. Die Fleischröllchen darin bei großer Hitze rundherum in ca. 5 Min. braun anbraten, herausnehmen und beiseitestellen. Zwiebeln, Knoblauch, Möhren und Staudensellerie in den Topf geben und im heißen Bratfett bei mittlerer Hitze ca. 4 Min. unter Rühren anrösten. Linsen und Rosmarin hinzufügen (Bild 2) und gründlich unterrühren.

3 Tomaten und 400 ml Brühe in den Topf geben. Alles aufkochen und das Ragout bei mittlerer Hitze ca. 15 Min. bei leicht geöffnetem Deckel garen, ab und zu umrühren. Falls die Linsen zu stark einkochen, noch etwas Brühe angießen (Bild 3). Dann die Fleischröllchen auf das Gemüse legen und alles offen bei mittlerer Hitze 10–12 Min. kochen lassen.

4 Inzwischen die Petersilie waschen, trocken schütteln, die Blätter abzupfen und hacken. Die Fleischröllchen herausnehmen. Das Linsen-Gemüse abschmecken und ⅔ der Petersilie unterrühren. Das Gemüse mit je zwei Involtini auf Tellern anrichten und mit der übrigen Petersilie bestreut servieren.

1

2

3

AUBERGINEN-LINSEN-CURRY

Thailändisches Warm-up mit Ingwer, Currypaste und Shiitake-Pilzen. Rote Linsen nehmen die scharf-würzige Kokossauce auf und sorgen für leichte Bindung.

1 mittelgroße Aubergine
4 Möhren
2 Zwiebeln
1 Stück Ingwer (ca. 2 cm lang)
4 EL Öl
1 EL grüne Thai-Currypaste (vegetarisch; Zutatenliste beachten)
350 ml Gemüsebrühe
400 ml Kokosmilch (aus der Dose)
Salz
100 g frische Shiitake (Pilze)
2 Römersalatherzen
300 g rote Linsen
2 EL Limettensaft

Asiatischer Linseneintopf

Für 4 Personen | 45 Min. Zubereitung
Pro Portion ca. 615 kcal, 27 g EW, 31 g F, 56 g KH

1 Die Aubergine waschen, putzen und in ca. 2 cm große Würfel schneiden. Die Möhren putzen, schälen, längs halbieren und schräg in ca. 1 cm breite Stücke schneiden. Die Zwiebeln abziehen, halbieren und in feine Streifen schneiden. Den Ingwer schälen und fein hacken.

2 Das Öl in einem breiten Topf erhitzen. Currypaste und Ingwer darin bei mittlerer Hitze 1–2 Min. andünsten. Aubergine, Möhren und Zwiebeln dazugeben und bei mittlerer Hitze 2–3 Min. mitdünsten, zwischendurch wenden. Das Gemüse mit Brühe und Kokosmilch auffüllen und mit etwas Salz würzen. Zugedeckt bei großer Hitze aufkochen, dann bei mittlerer Hitze offen ca. 10 Min. garen und gelegentlich umrühren.

3 Inzwischen die Shiitake-Pilze putzen, mit Küchenpapier abreiben, die Stiele entfernen und die Hüte je nach Größe vierteln oder halbieren. Die Salatherzen waschen, putzen, längs halbieren und in dünne Streifen schneiden.

4 Pilze und Linsen zum Curry geben und alles weitere 5–10 Min. offen garen. Die Salatstreifen unter das Curry mischen, mit Salz und Limettensaft abschmecken. Das Curry in tiefen Tellern oder Schalen anrichten.

TIPP **Wer mag, kann das Curry noch toppen: 50 g Cashewkerne in einer trockenen Pfanne anrösten, grob hacken. ½ Bund Koriandergrün abbrausen, trocken schütteln und mitsamt zarten Stielen hacken. Beides mischen und vor dem Servieren auf das Curry streuen.**

GEMÜSE-TAJINE MIT KICHERERBSEN

Aromatisches Vergnügen: Das herzhafte Ragout aus Nordafrika wird mit Kartoffeln, Romanesco und Ras el Hanout, einer orientalischen Gewürzmischung, sanft geschmort.

500 g vorwiegend festkochende Kartoffeln
500 g Romanesco (ersatzweise Blumenkohl)
200 g Schalotten
4 Knoblauchzehen
4 EL Olivenöl
2 ½ TL Ras el Hanout (orientalische Gewürzmischung)
Salz | Pfeffer
400 ml Gemüsebrühe
1 Dose Kichererbsen (250 g Abtropfgewicht)
250 g Kirschtomaten
150 g griechischer Sahnejoghurt
1 TL Speisestärke
6 Stängel Petersilie

Kleine Orientreise

Für 4 Personen | 35 Min. Zubereitung
Pro Portion ca. 320 kcal, 11 g EW, 16 g F, 32 g KH

1 Die Kartoffeln schälen, waschen und in ca. 2 cm große Würfel schneiden. Den Romanesco (oder Blumenkohl) waschen, putzen und in kleine Röschen teilen. Schalotten und Knoblauchzehen abziehen und längs halbieren.

2 Das Öl in einem breiten Topf erhitzen. Die Schalotten darin unter Rühren bei mittlerer Hitze 2–3 Min. andünsten. Kartoffeln, Romanesco und Knoblauch dazugeben und alles 2–3 Min. bei kleiner Hitze mitdünsten. 2 TL Ras el Hanout darüberstäuben und die Mischung salzen und pfeffern. Die Brühe angießen. Alles zugedeckt aufkochen und bei mittlerer Hitze ca. 20 Min. köcheln.

3 Inzwischen die Kichererbsen in ein Sieb abgießen, abbrausen und abtropfen lassen. Die Kirschtomaten waschen und halbieren. Den Joghurt mit der Speisestärke verrühren, unter das Gemüse mischen und 2–3 Min. köcheln, bis die Sauce gebunden ist. Kichererbsen und Kirschtomaten unterheben und alles offen noch 2–3 Min. heiß werden lassen.

4 Inzwischen die Petersilie abbrausen, trocken schütteln, die Blätter abzupfen und fein hacken. Die Tajine mit Salz, Pfeffer und übrigem Ras el Hanout abschmecken, in tiefen Tellern oder Schalen anrichten und mit Petersilie bestreut servieren.

TIPP **Sie gehören zusammen wie Topf und Deckel: Tajine heißt ein in Marokko populärer Eintopf, in dem Gemüse, Hülsenfrüchte, Fleisch und Fisch stecken können. Den gleichen Namen trägt auch die traditionelle Keramikschale mit kegelförmigem Deckel, in der das Gericht geschmort wird. Keine Sorge, Sie brauchen sich nicht extra eine Tajine anzuschaffen. Auch in einem normalen Topf gelingt das Orient-Ragout wunderbar saftig und aromatisch.**

PAPRIKA-BOHNEN-TOPF MIT CHORIZO

1 rote Paprika | 1 gelbe Paprika | 1 Zwiebel | 1 Knoblauchzehe | 150 g Chorizo (spanische Paprikawurst) | 1 EL Olivenöl | ½ EL edelsüßes Paprikapulver | 1 TL getrockneter Oregano | 1 l Gemüsebrühe | 100 g kleine Muschelnudeln | 1 Dose weiße Bohnen (z. B. weiße Riesenbohnen; 250 g Abtropfgewicht) | 100 g grüne Oliven (mit Paprika gefüllt) | ½ Bund Petersilie | Salz | Pfeffer

Topfschlager für Spanien-Fans

Für 4 Personen | 30 Min. Zubereitung
Pro Portion ca. 365 kcal, 16 g EW, 19 g F, 30 g KH

1 Die Paprika vierteln, putzen, waschen und in ca. 2 cm große Stücke schneiden. Die Zwiebel abziehen und fein würfeln. Die Knoblauchzehe abziehen und in feine Scheiben schneiden. Die Chorizo in dünne Scheiben schneiden.

2 Das Öl in einem Schmortopf erhitzen. Chorizo, Zwiebel und Knoblauch im heißen Öl bei mittlerer Hitze ca. 2 Min. unter Wenden anbraten. Die Paprikastücke ca. 1 Min. mitbraten. Alles mit Paprikapulver und Oregano würzen, mit der Brühe ablöschen, aufkochen und bei mittlerer Hitze zugedeckt ca. 5 Min. garen. Die Nudeln zugeben, aufkochen und zusammen weiterköcheln, bis die Nudeln gar sind (Packungsanweisung beachten).

3 Inzwischen die Bohnen in einem Sieb abbrausen und abtropfen lassen. Die Oliven abtropfen lassen. Beides ca. 2 Min. vor Ende der Garzeit in den Eintopf geben. Die Petersilie abbrausen, trocken schütteln, die Blätter abzupfen und fein hacken. Den Eintopf mit Salz und Pfeffer abschmecken und mit Petersilie bestreut servieren.

GRÜNER BULGUR MIT ZWEIERLEI BOHNEN

250 g TK-Dicke-Bohnen | 300 g grüne Bohnen | 1 großer Kohlrabi | 1 Zwiebel | 2 Knoblauchzehen | 2 EL Olivenöl | 600 ml Gemüsebrühe | Salz | Pfeffer | 100 g TK-Erbsen | 200 g Bulgur | 1 Bund gemischte Kräuter (z. B. Basilikum, Estragon, Petersilie, Schnittlauch) | 1 Bio-Zitrone

Zitronenfrisch und kräuterwürzig

Für 4 Personen | 30 Min. Zubereitung
Pro Portion ca. 330 kcal, 15 g EW, 7 g F, 49 g KH

1 Die Dicken Bohnen ca. 10 Min. in einer Schüssel mit warmem Wasser auftauen lassen, dann die Bohnenkerne aus der Haut drücken. Die grünen Bohnen waschen, putzen und in mundgerechte Stücke schneiden. Den Kohlrabi putzen, dabei zarte Blättchen beiseitelegen. Den Kohlrabi schälen und würfeln. Zwiebel und Knoblauch abziehen und beides fein würfeln.

2 Das Öl in einem breiten Topf erhitzen. Die Zwiebel darin bei mittlerer Hitze glasig dünsten. Grüne Bohnen, TK-Bohnenkerne, Kohlrabi und Knoblauch hinzufügen und 1–2 Min. mitdünsten. Die Gemüsebrühe angießen, das Gemüse mit Salz und Pfeffer würzen, aufkochen und offen ca. 10 Min. bei mittlerer Hitze garen, zwischendurch umrühren. Erbsen und Bulgur dazugeben, den Eintopf erneut zum Kochen bringen und bei kleiner Hitze zugedeckt ca. 10 Min. ziehen lassen.

3 Inzwischen die Kräuter und Kohlrabiblätter waschen, trocken schütteln, die Kräuterblättchen abzupfen und mit den Kohlrabiblättern grob hacken. Die Zitrone heiß waschen, trocknen, 1 TL Schale fein abreiben und den Saft auspressen. Den Eintopf mit Salz, Pfeffer, Zitronenschale und -saft abschmecken. Zum Schluss die Kräuter-Kohlrabiblatt-Mischung unterheben.

REGISTER

Damit Sie Rezepte mit bestimmten Zutaten noch schneller finden, sind in diesem Register auch beliebte Zutaten, so wie **Auberginen** oder **Reis,** alphabetisch eingeordnet und hervorgehoben. Darunter finden Sie das Rezept Ihrer Wahl. Vegetarische Rezepte, die im Buch mit einem 🍃 gekennzeichnet sind, sind hier grün abgesetzt.

A

Afrikanischer Hähnchen-Erdnusstopf 40
Aprikosen-Himbeer-Gnocchi 64
Asia-Vollkornnudeln mit Garnelen 16
Auberginen
- Auberginen-Linsen-Curry 54
- Ratatouille-Pasta mit Oliven 8

B/C

Bohnen
- Chili con Carne 48
- Grüner Bulgur mit zweierlei Bohnen 59
- Paprika-Bohnen-Topf mit Chorizo 58
- Quinoa-Buddha-Bowl mit Süßkartoffeln 24
- Winter-Minestrone mit Maronen 50

Brokkoli-Kartoffel-Topf mit Lachs 34
Bulgur
- Grüner Bulgur mit zweierlei Bohnen 59
- Heiße Taboulé mit Halloumi 31

Chili con Carne 48
Couscous: Gemüse-Couscous mit Harissa-Hähnchen 20
Curry-Spinat-Hirse mit Pilzen 25

E/F

Eier: Mangold-Kartoffel-Gemüse mit Eiern 39
Erbsen: Schinken-Erbsen-Makkaroni 10
Fisch
- Brokkoli-Kartoffel-Topf mit Lachs 34
- One-Pot-Meeresfrüchte-Paella 26
- Tortellini-Bouillabaisse 15
- Zander auf rotem Graupen-Risotto 28

G

Garnelen: Asia-Vollkornnudeln mit Garnelen 16
Gemüse-Couscous mit Harissa-Hähnchen 20
Gemüse-Knöpfle, Herzhafte 14
Gemüse-Pilaw mit Nüssen 22
Gemüse-Tajine mit Kichererbsen 56
Gnocchi
- Aprikosen-Himbeer-Gnocchi 64
- Gnocchi-Pfifferlings-Ragout 38

Graupen: Zander auf rotem Graupen-Risotto 28
Grüner Bulgur mit zweierlei Bohnen 59

H/I

Hackbällchen auf Spitzkohl-Tagliatelle 12
Hähnchenfleisch
- Afrikanischer Hähnchen-Erdnusstopf 40
- Gemüse-Couscous mit Harissa-Hähnchen 20

Heiße Taboulé mit Halloumi 31
Herzhafte Gemüse-Knöpfle 14
Hirse: Curry-Spinat-Hirse mit Pilzen 25
Involtini auf Linsen-Gemüse-Ragout 52

K/L

Kalbfleisch: Involtini auf Linsen-Gemüse-Ragout 52
Kartoffeln
- Brokkoli-Kartoffel-Topf mit Lachs 34
- Kartoffel-Linsen-Topf mit Würstchen 43
- Kürbis-Kartoffel-Gulasch 36
- Mangold-Kartoffel-Gemüse mit Eiern 39
- Pichelsteiner Eintopf 42
- Schweinefilet auf Rahmsauerkraut 44

Kichererbsen
- Afrikanischer Hähnchen-Erdnusstopf 40

Gemüse-Tajine mit Kichererbsen 56
Kürbis-Kartoffel-Gulasch 36
Linsen
Auberginen-Linsen-Curry 54
Involtini auf Linsen-Gemüse-Ragout 52
Kartoffel-Linsen-Topf mit Würstchen 43

M/N

Mandel-Risotto mit Feigen 64
Mangold-Kartoffel-Gemüse mit Eiern 39
Nudeln
Asia-Vollkornnudeln mit Garnelen 16
Hackbällchen auf Spitzkohl-Tagliatelle 12
Herzhafte Gemüse-Knöpfle 14
Ratatouille-Pasta mit Oliven 8
Schinken-Erbsen-Makkaroni 10
Spaghetti mit Spargel-Sugo 11
Tortellini-Bouillabaisse 15

O/P

One-Pot-Meeresfrüchte-Paella 26
Paprika
Chili con Carne 48
Herzhafte Gemüse-Knöpfle 14
Kürbis-Kartoffel-Gulasch 36
Paprika-Bohnen-Topf mit Chorizo 58
Ratatouille-Pasta mit Oliven 8
Pichelsteiner Eintopf 42
Pilze
Curry-Spinat-Hirse mit Pilzen 25
Gnocchi-Pfifferlings-Ragout 38
Hackbällchen auf Spitzkohl-Tagliatelle 12

Q/R

Quinoa-Buddha-Bowl mit Süßkartoffeln 24
Ratatouille-Pasta mit Oliven 8
Reis
Chili con Carne 48
Gemüse-Pilaw mit Nüssen 22
Mandel-Risotto mit Feigen 64
One-Pot-Meeresfrüchte-Paella 26
Serbisches Blitz-Reisfleisch 30
Rindfleisch
Chili con Carne 48
Hackbällchen auf Spitzkohl-Tagliatelle 12
Pichelsteiner Eintopf 42
Serbisches Blitz-Reisfleisch 30

S/T

Schinken-Erbsen-Makkaroni 10
Schweinefleisch
Hackbällchen auf Spitzkohl-Tagliatelle 12
Kartoffel-Linsen-Topf mit Würstchen 43
Pichelsteiner Eintopf 42
Schinken-Erbsen-Makkaroni 10
Schweinefilet auf Rahmsauerkraut 44
Serbisches Blitz-Reisfleisch 30
Spaghetti mit Spargel-Sugo 11
Spargel: Spaghetti mit Spargel-Sugo 11
Spinat: Curry-Spinat-Hirse mit Pilzen 25
Spitzkohl: Hackbällchen auf Spitzkohl-Tagliatelle 12
Süßkartoffeln
Afrikanischer Hähnchen-Erdnusstopf 40
Quinoa-Buddha-Bowl mit Süßkartoffeln 24
Tomaten
Chili con Carne 48
Gemüse-Tajine mit Kichererbsen 56
Heiße Taboulé mit Halloumi 31
Kürbis-Kartoffel-Gulasch 36
Ratatouille-Pasta mit Oliven 8
Tortellini-Bouillabaisse 15

W/Z

Winter-Minestrone mit Maronen 50
Wirsing: Pichelsteiner Eintopf 42
Würstchen: Kartoffel-Linsen-Topf mit Würstchen 43
Zander auf rotem Graupen-Risotto 28

Projektleitung: Sigrid Burghard
Lektorat: Sabine Schlimm
Korrektorat: Petra Bachmann
Innen- und Umschlaggestaltung: independent Medien-Design, Horst Moser, München
Herstellung: Susanne Mühldorfer
Satz: Kösel, Krugzell
Reproduktion: medienprinzen GmbH, München
Druck und Bindung: Schreckhase, Spangenberg
Syndication: www.seasons.agency
Printed in Germany

1. Auflage 2017
ISBN 978-3-8338-5943-4
www.facebook.com/gu.verlag

GRÄFE UND UNZER

Ein Unternehmen der
GANSKE VERLAGSGRUPPE

Die Autorin

Martina Kittler ist erfahrene und begeisterte Kochbuch-Autorin, die es versteht, Genuss und gesunde Ernährung in leckere familien- und alltagstaugliche Rezepte umzusetzen. Beim Kochen hat sie sich schon immer gefragt: Wieso nicht einfach alles in einen Topf? In diesem Buch wird aus dem Gedanken leckere One-Pot-Realität.

Die Fotografin

Nicky Walsh zog nach 10 Jahren Fotografentätigkeit in London nach Berlin und arbeitet dort nun für Redaktionen und Werbekunden. Zusammen mit **Max Faber** (Foodstyling), **Tanja Nifka** (Styling) und **Felix Tornow** (Assistenz) hat sie sich auf eine Reise ins One-Pot-Universum begeben.

Bildnachweis

Autorenfoto: Fotos mit Geschmack, Alling, Titelfoto: Silvio Knezevic, München, alle anderen Fotos: Nicky Walsh, Berlin

Titelrezept

Gemüse-Couscous mit Harissa-Hähnchen (S. 20)

Umwelthinweis:
Dieses Buch ist auf PEFC-zertifiziertem Papier aus nachhaltiger Waldwirtschaft gedruckt.

QUALITÄTS G|U GARANTIE

Liebe Leserin, lieber Leser,

haben wir Ihre Erwartungen erfüllt? Sind Sie mit diesem Buch zufrieden? Haben Sie weitere Fragen zu diesem Thema? Wir freuen uns auf Ihre Rückmeldung, auf Lob, Kritik und Anregungen, damit wir für Sie immer besser werden können.

GRÄFE UND UNZER Verlag
Leserservice
Postfach 86 03 13
81630 München
E-Mail:
leserservice@graefe-und-unzer.de

Telefon: 00800 / 72 37 33 33*
Telefax: 00800 / 50 12 05 44*
Mo–Do: 9.00 – 17.00 Uhr
Fr: 9.00 – 16.00 Uhr
(gebührenfrei in D, A, CH)*

Ihr GRÄFE UND UNZER Verlag
Der erste Ratgeberverlag – seit 1722.

Backofenhinweis:
Die Backzeiten können je nach Herd variieren. Die Temperaturangaben in unseren Rezepten beziehen sich auf das Backen im Elektroherd mit Ober- und Unterhitze und können bei Gasherden oder Backen mit Umluft abweichen. Details entnehmen Sie bitte Ihrer Gebrauchsanweisung.

Appetit auf mehr?

ISBN 978-3-8338-5017-2

ISBN 978-3-8338-5890-1

ISBN 978-3-8338-4660-1

Laden im App Store

ISBN 978-3-8338-5105-6

ISBN 978-3-8338-5332-6

Alle hier vorgestellten Bücher sind auch als eBook erhältlich.

G|U

Willkommen im Leben.

Mehr von GU auf **www.gu.de** und
facebook.com/gu.verlag

SWEET POTS MIT REIS & GNOCCHI

Gnocchi als Dessert? Ein süßer Risotto? Aber ja! Die süßen Kreationen mit Milch oder Sahne und frischen Früchten schmecken nicht nur Naschkatzen.

MANDEL-RISOTTO MIT FEIGEN

Für 4 Personen: 4 EL gehobelte Mandeln in einem Topf goldbraun anrösten, herausnehmen. 2 EL Butter im Topf erhitzen, 250 g Risottoreis 1–2 Min. anbraten. 1 Vanilleschote längs aufschneiden, Mark herauskratzen. Beides mit 80 g Zucker hinzufügen, mit 125 ml Orangensaft ablöschen, bei großer Hitze einkochen. Nach und nach 1 l heiße Milch angießen, Reis bei kleiner Hitze unter Rühren in 25–30 Min. bissfest garen. Inzwischen ½ Bio-Orange heiß waschen, trocknen, 1 TL Schale abreiben und zum Schluss zugeben. Vanilleschote entfernen. 4 große Feigen waschen, in Spalten schneiden, auf dem Risotto verteilen und mit 2 TL Honig beträufeln. Zugedeckt ca. 3 Min. ziehen lassen. Mit gerösteten Mandeln bestreut servieren.

APRIKOSEN-HIMBEER-GNOCCHI

Für 4 Personen: 500 g reife, feste Aprikosen waschen, entsteinen und in Spalten schneiden. 2 EL Butter in einem breiten Topf zerlassen, 500 g Gnocchi (aus dem Kühlregal) darin bei mittlerer Hitze 2–3 Min. anbraten. Aprikosen, 50 g Zucker und 1 Pck. Bourbon-Vanillezucker hinzufügen, alles mit 2 EL Zitronensaft und 1 Prise Salz würzen und 2–3 Min. mitdünsten. 200 g Sahne angießen, zugedeckt aufkochen und alles bei kleiner Hitze ca. 5 Min. garen. Inzwischen 250 g Himbeeren verlesen und unterheben. 4 Minzeblätter abbrausen, trocken tupfen, mit 2 EL Pistazienkernen fein hacken. ½ Bio-Zitrone heiß waschen, trocknen, die Schale abreiben und mit Minze und Pistazien mischen, auf die Aprikosen-Gnocchi streuen.